Published by Jason C. Joseph
@2020 Castries

https://kweyolsentlisi.weebly.com

To listen to the audio pronunciation of words, go to **soundcloud.com** and type in the search bar: **Kweyol Phrasebook for Busy folks**.

Contents

Introduction 9

Pronunciation Guide . 14

Saying Hello and Goodbye 17

Making Introductions 19

Vocabulary List – Family 23

Vocabulary List – Occupations 24

Chatting and Hanging Out 25

Romance and Falling in Love 28

Visiting Someone ... 31

Vocabulary List - At Home 34

Likes, Dislikes, and Preferences 35

Vocabulary List – Hobbies 37

Asking Information 38

Shopping 42

Vocabulary List - Clothing and Personal Items 44

Eating Out 46

Vocabulary List – Food 48

Health and Wellness 50

Vocabulary List - Parts of the Body ... 54

Personal Safety 55

Linking Words and Phrases 60

Giving Commands and Instructions 67

Weather and Seasons 71

Time 73

The outside Environment 76

Festivals, Celebrations, and Ceremonies 79

Crude Words, Swear Words, and Insults. 83

Days of the Week ... 86

Months of the Year. 86

Cardinal Numbers.. 87

Ordinal Numbers ... 89

Money and Measurements 90

Kwéyòl Grammar 91

Subject and Object Pronouns 91

Possessives 93

Determiners and Quantifiers– the, a, an 95

Demonstrative Adjectives - this, that, these, those 96

Tenses 96

Conditional Forms 102

Negative Constructions 103

Placement of Adjectives 105

Active and Passive Voice.................... 105

Introduction

I may not know you personally, but I probably know what brought you here, and that would be one or more of the following:

As a child, you most likely heard the Kwéyòl language being spoken all around you, but you were forbidden to speak it because it was "big people language", or the language of "uneducated folks" from the rural parts of the country.

Until now, you simply didn't have enough reason or opportunity to take the language seriously. Your current job or social situation, however, now demands a lot more Kwéyòl from you, and has put you in a few embarrassing situations.

You migrated and you are ready to learn because you have now acquired a new sense of Lucian pride and appreciation for the language.

You are a Peace Corps volunteer, or expat, and out of necessity you must learn the basics of the language.

My story is not that different. I thought I could manage well enough with the language, until one day during the La Rose Festival celebrations, a media reporter convinced me to do an interview in Kwéyòl. I needed no more convincing. This traumatic experience was enough to immediately set me on the path to learning more of the language. But where were the learning resources? The internet was a disappointment. Whatever materials are available to assist with the learning of Kwéyòl are either unheard of, or not easily accessible.

So, I compiled this Kwéyòl phrasebook especially for you. It is ideal for people with limited time on their hands, and contains a variety of useful phrases for different social contexts, with additional vocabulary lists to help you become more confident in your ability to communicate. Like many St. Lucians, your ambition is not to become an expert Kwéyòl speaker, but simply to be able to participate in occasional light-hearted conversations, and to no longer be in the dark when you are being bad-mouthed. It is for this reason that only essential grammar points are presented here in a simple and concise manner, in order to assist you with constructing and expressing your own sentences.

I have also attempted to select words and phrases that you would most likely hear in everyday interactions, with an emphasis on the use of contractions for more authenticity. Instead of **mwen pa fen** (I am not hungry), for instance, you will see **m'a fen**, which is how most St. Lucians would say it. Rather than **mwen ka** (I am), or **mwen kay** (I will), you would most often hear **ng'a** or **ng'ay**.

For those who already have a limited knowledge of the language and wish to brush up on their skills, you will be pleased to discover some new vocabulary, like I have, in the process of compiling the phrases. The advent of Kwéyòl dictionaries for what was once a strictly spoken language, makes it possible to discover many new words. I encourage you to get your hands on one if you can. Your options include, "Kwéyòl Dictionary" by the Ministry of Education in St. Lucia, the "St. Lucia Creole Dictionary" app on Google Play for Android phones, and "Dictionary of St. Lucian Creole" by Jones Mondesir.

You absolutely should not skip over the pronunciation guide at the beginning of the book. In fact, I strongly recommend that you spend some time internalizing the various sounds, as it will greatly increase the ease and speed with which you read Kwéyòl. Unlike other phrasebooks, you will not see additional pronunciation aids for each phrase. I believe that doing so would confuse you, since there are similarities between the pronunciation aids normally used and the actual Kwéyòl spelling of words, which may use the same letter combinations. For example, the popular way to spell mété (to put) in order to assist with pronunciation would be **may-tay**. But this "ay" sound is also found in Kwéyòl words and pronounced entirely differently, such as "kay", pronounced like "lie", which means "house". So in order to further assist you with pronunciation, you will find several links to external audio recordings throughout the book.

Let's get you started, shall we? I eagerly welcome you to the Kwéyòl-speaking community, which consists of several countries, each with its own variety of the language. Those countries include Dominica, Guadeloupe, Martinique, French Guiana, Haiti, Louisiana, Seychelles, Mauritius, Reunion, and to a lesser extent Trinidad and Grenada.

Please try your best not to head straight to the section on "Crude Words, Swear Words, and Insults". To listen to the audio pronunciation of words, go to **soundcloud.com** and type in the search bar: **Kweyol Phrasebook for Busy folks**.

All the best.

Pronunciation Guide

Many of the Kwéyòl consonants are pronounced exactly the same as in English: b, d, f, g, h, k, l, m, n, p, *(r), s, t, v, w, y, z

The letters "q" and "x" are not found in Kwéyòl. *The letter "r" is not generally used, except in words borrowed from the English language, for example, **radyo**, **strès**, and **rèkòd**.

It is important to note that each letter, or digraph, is always pronounced the same way. Unlike the English Language, there are no variations. Here are the various sounds and their equivalent English pronunciation.

Vowels/Vowel Digraphs	Nasal vowels (the "n" is not voiced)
a – like the 'a' in **a**pple é – like the 'a' in **a**pe è – like the 'e' in **e**gg i – like the 'i' in **i**gloo o – like the 'o' in **o**ld ò – like the 'o' in **o**x ou – like the 'oo' in z**oo** *ay – like the 'i' in **i**ce *ay is a diphthong	an – like the 'un' in f**un**ny en – like the 'en' in p**en**ny on – like the 'on' in b**on**d

Consonant Digraphs & J
ch – like the 'sh' in **sh**op
tj – like the 'ch' in **ch**air
dj – like the 'J' in **J**ohn
j – like the 'g' in bour**g**eois

Take some time to practice the pronunciation of the following words before going any further. If you are able to pronounce them then you are well on your way to reading Kwéyòl.

la-kay (home)

chi-men (road)

tjé-bé (hold)

a-ban-don-nen (abandon)

ma-ji-nwè (black magic)

fon-djè (depth)

wanj-man (arrangement)

kou-to (knife)

Saying Hello and Goodbye

Hello
Alo

Good morning
Bonjou

Good afternoon
Bonnapwémidi

Good night
Bonswè

How are you?
Kouman ou yé?

What's up/what's happening?
Sa ka fèt?

I am good. Thanks.
Mwen byen. Mèsi.

I am there.
Mwen la.

I am there holding on.
Mwen la ka tjébé.

I am there, so-so.
Mwen la pyanmpyanm

Goodbye
Babay, dédé

Later
Pli ta

We will see
Nou kay wè

We will see later.
Nou kay wè pli ta.

I am going/leaving.
Mwen ka alé.

Hold tight.
Tjébé wèd.

Have a good day.
Pasé an bon jouné.

Making Introductions

My name is
Non mwen sé

What is your name?
Kimonnon'w?

Nice to meet you.
Mwen kontan pou fè konnésans épi'w.

Where are you from?
Ki jan'w?/Ou sé jan ki koté?

I am from Saint Lucia.
Mwen sé jan Sent Lisi

Are you a Dominican?
Ou sé an Donminiken?

Yes, I am a Dominican.
Wi, mwen sé an Donminiken.

No, I am not a Dominican.

Non, mwen pa an Donminiken.

I am here on vacation.
Mwen isi-a asou vakans.

I am here because of my work.
Mwen isi-a pou lapéti twavay mwen.

Welcome
Byenvini

This is my wife.
Sa sé madanm mwen.

Are you married?
Ès ou mayé?

Do you have any children?
Ès ou ni pyès ti manmay?

How old are you?
Ki laj ou?

I am 30 years old.
Mwen ni twantan

What is your occupation?
Ki twavay ou? Ki pwofèsyon'w?

I am a taxi driver.
Mwen sé an chofè taksi.

Congratulations
Félisitasyon

Same to you
Pawèyman

Excuse me
Padon/èskizé mwen

Could you repeat that please?
Ès ou sa wépété sa souplé?

Say that again, please.
Di sa ankò souplé.

Could you speak more slowly?
Ès ou sa palé pli dousman?

You are speaking too quickly.

Ou ka palé twò vit.

I don't understand.
Mwen pa kopwann.

What is…?
Ki sa ki...?

I don't know that word.
M'a konnèt mo sala.

What does it mean?
Ki sa i vlé di?

I don't know.
M'a sav.

Speak louder.
Palé pli fò.

I forgot how to say…
Mwen obliyé ki mannyè pou di…

How do you say … in Kwéyòl?
Ki mannyè ou ka di ... an Kwéyòl?

Vocabulary List – Family

mother - manman
father - papa
brother - fwè
sister - sésé, sè
son - gason, tibway
daughter - tifi
child/children - ich, ti manmay
cousin - kouzin (f), kouzen (m)
aunt - tantant
grandmother - gwanmanman
grandfather - gwanpapa
great grandparent - ayèl
father-in-law/stepfather - bopè
mother-in-law/stepmother - bèlmè
son-in-law - bofis
daughter-in-law - bèlfi
brother-in-law - bofwè
sister-in-law – bèlsè

Vocabulary List – Occupations

accountant – kontab
architect - achétèk
athlete - atlèt
baker - boulanjé
barber - baba
butcher - bouché
carpenter - chapantyé
cleaner - nétwayè
cook - kwizinyé, chèf
dancer - dansè
dentist - dantis
doctor - dòktè
driver - chofè
electrician - ilèktwisyen
engineer - enjinyè
farmer - fama
fireman - ponpyé
fisherman - péchè
gardener - jadinyé
government worker - twavayè gouvèdman
lawyer - avoka

mechanic - mékanisyen
mason - mason
musician - mizisyen
nurse - nòs
painter - pent
plumber - plonbyé
police officer - polis
receptionist - wésèpsyonnis
security guard - gad siwité
teacher - titja
technician - tèknisyen
vendor – wivandèz

Chatting and Hanging Out

What are you up to?
Ki sa ou ka fè la?

I am at home.
Mwen lakay mwen.

I am at work.
Mwen an twavay.

I am bored.
Mwen annwi.

Guys, let's do something this weekend.
Mésyé, ann' fè an bagay lafen simenn-an.

I agree.
Mwen dakò.

Who's coming?
Ki moun ka vini?

I have no money.
M'a ni pyès lajan.

I am busy this weekend.
Mwen anbawasé lafen simenn sala.

I will need a ride.
Mwen kay ni pou mouté épi an moun.

Where do we meet?
Ki koté nou ka jwenn?

This guy is always late.

Misyé toujou ta.

Who's missing?
Kilès ka mantjé?

It's boring here. Let's relocate.
Isi-a sèk. Ann' fè an won.

Stop fooling around.
Las simen gwenn la.

That's not true.
Sa pa vwé.

You're lying.
Ou ka manti.

I don't believe you.
M'a kwè'w.

What a joke.
Mi blag.

That makes no sense.
Sa pa ka fè pyès syans.

You're all talk and no action.
Bava ou bava.

Do you guys remember the last time?
Ès zòt chonjé dènyé fwa-a?

That was so much fun.
Sa té an chay anmizman.

I am stuffed.
Tjou mwen byen plen.

Let's take a picture.
Annou pwan an pòtwé.

It's late. I have to go.
I ta. Mwen ni pou alé.

Romance and Falling in Love

You have a lovely smile.
Ou ni an bèl souwi.

28

I don't have a boyfriend/girlfriend.
M'a ni an nonm/fanm.

I was married once.
Mwen té mayé yon fwa.

Would you like to give me your number?
Ès ou vlé ban mwen limowo'w?

I am not ready for a relationship right now.
M'a pawé pou an wilasyon atjwèlman.

Let's just take it slowly.
Annou annèk pwan'y dousman.

I don't do casual sex.
M'a ka fè vis san an wilasyon.

What are you doing later?
Ki sa ou ka fè pli ta?

I can get used to this.
Mwen sa vini abitwé èk sa.

Do you have to go now?
Ou oblijé alé atjwèlman?

I can't allow you to leave. I am having too much fun.
M'a sa kité'w alé. Mwen ka ni an pil plézi.

When can I see you again?
Ki jou mwen sa wè'w ankò?

We should do this more often.
Nou dwétèt fè sa pli souvan.

I really enjoyed tonight.
Mwen vwéman té ni an bon tan òswè-a.

I think I am starting to like you a lot.
Mwen kwè ng'a koumansé enmen'w an chay.

Would you like to go somewhere a bit quieter?
Ès ou vlé alé an koté ki pli tjantjil?

Are we stopping at my place or yours?

Nou ka doubout kay mwen ében sa ou?

I am not wearing any underwear.
M'a ka pòté pyès tjilòt.

Your lips look dry. Can I kiss them for you?
Lèv ou ka gadé sèk. Ès mwen sa bo yo ba ou?

Why do we still have all this clothes on us?
Poutji nou ni tout had sala asou nou toujou?

Listen well. Don't you hear the bed calling us?
Kouté byen. Ou pa ka tann kouch-la ka kwiyé nou?

Visiting Someone

Welcome to my home.
Byenvini an kay mwen.

Thanks for coming.
Mèsi pou vini.

You can leave your shoes by the door.
Ou sa kité soulyé'w bò lapòt-la.

Make yourself at home.
Mété kò'w alèz.

Would you like something to drink?
Ès ou vlé an bagay pou bwè?

I'll just have some water, please.
Ng'ay annèk ni tak dlo souplé.

I won't be staying too long.
M'a ka wèsté twò lontan.

You have a lovely house.
Ou ni an bèl kay.

It's not mine. I am renting.
I pa san mwen. Mwen ka lwé'y lanmen an moun.

I have been living here for two years.
I ni dé lanné dépi mwen ka wèsté isi-a.

How's your grandmother doing?
Sa gwan manman'w fè?

I haven't heard about her in a while.
Lontan m'a tann nouvèl li.

Come let me show you around.
Vini pou mwen moutwé'w owon.

Is that you in the picture?
Ès sa sé ou an pòtwé-a?

It's cooler in the veranda.
I pli fwé an balkon-an.

I live with my mother.
Mwen ka wèsté épi manman mwen.

May I use your restroom, please?
Ès mwen pé sèvi pwévit ou, souplé?

Thanks for your company.

Mèsi pou tjenn mwen konpany.

It was nice having you.
I té plézi mwen pou wisivwè'w.

Be careful on the road.
Pwan gad asou chimen-an.

Vocabulary List - At Home

living room - lasal
shelf - létajè
kitchen - tjwizin
cupboard - bifèt
refrigerator - fridj
stove - founo
oven - fou
dishes - vésèl, zasyèt
dining room - sal a manjé
bedroom - chanm
bed - kouch
bedsheet - kouvèti
wardrobe - lamwè
toilet - pwévit

bathroom - sal ben
mirror - miwè
tap/pipe - sitenn
table - tab
table cloth - tapi tab
curtain - wido
chair - chèz
rug - tapi
mat - mat
window - finèt
door - lapòt
steps - mach
upstairs - anhogwiyen
downstairs - anba
ceiling - kouvèti kay
roof - fétay
concrete - masonn
wooden partition/wall - kwazon
yard - lakou
balcony – balkon

Likes, Dislikes, and Preferences

I love this place.
Mwen enmen plas sala.

I like you/I love you.
Mwen enmen'w.

What do you like to do for fun?
Ki sa ou enmen fè pou anmizman?

I enjoy dancing.
Mwen kontan dansé.

I love carnival.
Mwen enmen kanaval.

The beach makes me happy.
Bò lanmè ka fè mwen kontan.

This is really good.
Sa bon toubonnman.

This is awful.
Sa téwib.

I don't like the food.

M'a enmen manjé-a.

I hate roaches.
Mwen hayi wavèt.

I can't stand the heat.
M'a sa sipòté chalè-a

I prefer fish.
Mwen simyé pwéson.

I am interested in the shoes.
Mwen antéwésé adan sé soulyé-a.

I feel for a drink.
Mwen anvi an bwè.

Vocabulary List – Hobbies

dancing - dansé
drawing - désiné
painting - pentiwé
singing - chanté

playing music - jwé mizik
sports - spò
video games - jwé vidiyo
reading - li
writing - ékwi
shopping - fè konmisyon
hunting - chasé
bird watching - véyé jibyé
horseback riding - mouté chouval
photography - pwan pòtwé
cooking - tjwit manjé
sewing - koud
running - kouwi
exercising - lézèksis
traveling - voyajé
languages - diféwan langaj
fishing - péché
camping – kanpé

Asking Information

How much does it cost?
Konmen pou li?

How far is it?
Jis ki koté i yé?

How big is it?
Ki gwòsè i yé?

How long will it take?
Konmen tan i kay pwan?

How do I get to the market?
Ki mannyè pou mwen wivé laplas-la?

How come I can't see it?
Ki mannyè m'a sa wè'y?

Which store is the closest?
Kilès boutik ki pli pwé?

Which bus should I take?
Kilès machin mwen sipozé pwan?

Which direction is the city?
Ki diwèksyon vil-la yé?

Where are you?

Koté ou yé? or Ki koté ou yé?

Where do you live?
Koté ou ka wèsté?

Where can I buy a pack of cards?
Koté mwen sa achté an patjé kat?

Where is the activity being held?
Koté aktivité-a ka pwan kou?

Where do I get a taxi?
Koté mwen sa jwenn an taksi?

What is this?
Ki sa sa yé?

Excuse me, what time is it?
Èskizé mwen, ki lè i yé?

What does this mean?
Ki sa sa vlé di?

What would you like to do?
Ki sa ou vlé fè?

What do you want?
Ki sa ou vlé?

What do you need?
Ki sa ou bizwen?

When can I see him?
Ki lè mwen sa wè'y? *(What time)*
Ki jou mwen sa wè'y? *(What day)*

When is the best time to go?
Ki lè ki pli mèyè pou alé?

Why did you say that?
Poutji ou di sa?

Why can't we stay here?
Poutji nou pa sa wèsté isi-a?

Why don't we eat at the hotel instead?
Poutji nou pa manjé an hotèl-la pito?

Is she the manager?
Ès i sé mèt-la?/jèwè-a?

Is it open on a Sunday?
Ès i ouvè lé Dimanch?

Are we going to get a refund?
Ès nou kay jwenn lajan nou viwé?

Do you have any other rooms?
Ès ou ni pyès lòt chanm?

Do you need a taxi?
Ès ou bizwen an taksi?

Does it taste good?
Ès i ni bon gou?

Shopping

Where is the closest store/supermarket?
Ki koté boutik-la ki pli pwé-a yé?

Are there any pubs/bars open?
Ès la ni pyès kabawé ki ouvè?

Can you recommend a good restaurant?
Ès ou sa wékonmandé an bon wèstowan?

How much does this cost?
Konmen pou sa?

I am looking for a belt.
Mwen ka chaché an sanng.

Do you have anything more reasonable?
Òu pa ni anyen ki pli bonmaché?

Do you have a bigger size?
Ès ou ni yonn ki pli gwo?

Can I see that one?
Ès mwen sa wè sa la?

That is too expensive.
Sa twò chè.

I am looking for a red one like this.
Mwen ka chaché yonn ki wouj kon sala.

I will take it.

Mwen kay pwan'y/ng'ay pwan'y.

Do you accept credit cards?
Ès ou ka aksèpté kat kwédi?

I will look around still.
Ng'ay gadé oliwon toujou.

Can I get two of the same?
Ès mwen sa jwenn dé an menm bagay-la?

Do you have a different brand?
Ès ou ni an diféwan kalité?

That's all for me.
Sa sé tout pou mwen.

What time do you close?
Ki lè ou ka fèmé?

Vocabulary List - Clothing and Personal Items

pants – tjilòt
shirt - chimiz
jacket - kanmizòl
waistcoat - jilyé
dress - wòb
skirt - jip
handkerchief - mouchwè pòch
scarf - mouchwè
underwear (men) - kalson
underwear (women) - tjilòt
pajamas/nightie - had dòmi
shoes - soulyé
slippers - katapòl
socks - choson
tie - kwavat
belt - sanng
watch - mont
bracelet - bwaslé
ring - bag
earring - zanno
perfume - losyon
bathing suit - had ben
bath towel - sèvyèt ben
umbrella - pawasòl
glasses - linnet
bag - sak

purse - bous
comb - peny/penng
brush - bòs
toothbrush - bòs dan
soap - savon
keys - laklé
mobile phone - pòtab
pen - plim
pencil - kwéyon
notebook – kayé

Eating Out

Can I see the food menu?
Ès mwen sa wè kat-la épi manjé-a?

Do you have any local juice?
Ès ou ni pyès ji lokal?

Can I have grilled fish with rice?
Ès mwen sa jwenn pwéson gwiyé épi diwi?

How long will I have to wait?
Konmen tan mwen kay ni pou èspéyé?

The food is very good.
Manjé-a bon toubonnman.

I don't eat pork.
M'a ka manjé kochon.

I am allergic to peanuts.
Pistach-la pa ka alé èk mwen.

What are the ingredients?
Ki sa i ni adan'y?

I'll have/take a glass of red wine.
Mwen kay pwan an vè diven wouj.

Would you like another drink?
Ès ou vlé an lòt bwè?

Do you prefer tea or coffee?
Ès ou simyé dité ében kafé?

Two spoons of sugar, no milk.
Dé tjwiyè sik, pyès lèt.

I can't eat anymore.
M'a sa manjé ankò.

My belly is full.
Bouden mwen plen.

Vocabulary List – Food

avocado - zabòka
bacon - vyann kochon salé
biscuit - biswi
bread - pen
breadfruit - bwapen
butter - bè
cake - bonbon
cantaloupe - moulon
carrot - kawòt
cabbage - chouponm
cassava - kasav
chicken - poul
coconut water - dlo koko
dasheen - danma, dachin
dumpling - donbwé
egg - zé
farine - fawin

fish - pwéson
flour - fawin fwans
fruits - fwi
golden apple - ponmsitè
gooseberry - siwèt
grapes - wézen
green fig - fig vèt
guava - gwiyav
juice - ji
lemon - lim
lime - siton
mango - mango
meat - vyann
milk - lèt
nuts - nwa
orange - zowany/zowanj/jowany/
passion fruit - kouzo
pawpaw - papay
peanuts - pistach
peas - pwa
pepper - piman
pineapple - zanana
plantain - bannann
plum - pwin
Pumpkin - jòmou
ripe banana - fig mi

rice - diwi
sour orange-zowanj si
soursop - kòsòl
sugar cane - kann
tamarind - tanmawen
tomato - tonmadòz
turkey - kodenn
vegetables - lédjim
water melon - moulon
wine - diven
yam - yanm, bandja (wild yam)

Health and Wellness

Are you Ok?
Ou byen?

How are you feeling today?
Ki mannyè ou ka santi kò'w jòdi-a?

I am in good health.
Mwen an bon santé.

I am tired.

Mwen las.

I am sick.
Mwen malad.

I have a headache.
Mwen ni an mal tèt.

My belly hurts.
Bouden mwen ka fè mwen mal.

I have fever.
Mwen ni lafyèv.

I am happy.
Mwen kontan.

I was so excited.
Mwen té tèlman èksité.

I am disappointed.
Mwen dézapwenté.

I am sad/depressed.
Mwen twis/mwen ni chagwen.

I am bored.
Mwen annwi.

I am jealous.
Mwen jalou.

I am embarrassed.
Mwen hont.

I am angry.
Mwen faché.

I am in love.
Mwen an lanmou/mwen antwiché.

Are you worried?
Ou ka twakasé?

I am hurt.
Mwen blésé.

It's urgent.
I gwav.

I have an emergency.

Mwen ni an ka kwitik.

Can I use your cell phone?
Ès mwen sa sèvi pòtab (téléfòn) ou?

I need to see a doctor.
Mwen bizwen wè an dòktè.

Call an ambulance.
Kwiyé an anbilans.

I can't breathe.
M'a sa wèspiwé.

I am dizzy.
Mwen toudi.

I am bleeding.
Ng'a senyen.

She's ready to give birth.
I pawé pou akouché.

Vocabulary List - Parts of the Body

head - tèt
hair - chivé
forehead - fon
ears - zòwèy
eyes - zyé
eyebrows - sousi zyé
eyelashes - pwèl zyé
nose - né
mouth - bouch
lips - lèv
moustache - moustach
tongue - lanng
teeth - dan
cheeks - ponm fidjay
face - fidjay/fidji
chin - maton
beard -bab
throat - gòj
neck - kou
shoulders - zépòl
back - do

chest - lèstomak
belly - bouden
arms - bwa
elbow - koudbwa
wrists - ponyèt
hands - lanmen
fingers - dwèt
thumbs - gwo pous
nails - zonng
waist - wen
hips - hanch
buttocks - fès, dèyè
legs - janm
thighs - twis
knees - jounou
feet - pyé
ankle - chivi
toes – zòtèy

Personal Safety

Don't do that.
Pa fè sa.

Stop troubling me.
Las anbété mwen.

Leave me alone.
Kité mwen bat mizè mwen.

Don't touch me.
Pa touché mwen.

Don't come near me.
Pa bòdé.

I am warning you.
Ng'a vèti'w.

This is the last time I will say it.
Sa sé dènyé fwa-a mwen kay di'y.

Either you stop or I will call the police.
Swèt ou doubout ében ng'ay kwiyé polis-la.

I will not tolerate it.
Mwen pa kay sipòté'y.

Why are you following me?

Poutji ou ka swiv mwen?

I am not interested.
M'a antéwésé.

Take me home, please.
Mennen mwen lakay mwen souplé.

I don't want to stay here by myself.
M'a vlé wèsté isi-a pa kò mwen.

Close the windows and lock the doors.
Fèmé sé finèt-la èk laklé sé lapòt-la.

I want to go to the police station.
Mwen vlé alé an kòdgad.

Stop! Thief!
Doubout! Vòlè!

Someone broke into the house.
An moun kasé kay-la.

What is the matter?
Ki sa ki fèt? Ki sa ki wivé'w?

I lost my wallet.
Mwen pèd bous mwen.

They stole my money.
Yo vòlè lajan mwen.

I cannot find my keys.
M'a sa twouvé laklé mwen.

I am looking for my son.
Ng'a chaché gason mwen.

Be careful.
Pwan gad; pwan pwokosyon.

Don't stay out too late.
Pa wèsté dèwò twò ta.

This is too dangerous.
Sa twò danjéwé

Walk on the side of the road.
Maché asou koté chimen-an.

Fire!
Difé!

Bring water.
Mennen dlo.

Call the fire-station.
Kwiyé lapòs di ponpyé.

There is a lot of damage.
La ni an chay donmaj.

The power is out.
La pa ni kouwan.

Trees fell.
Pyé bwa tonbé.

The bridge is flooded.
Pon-an ni gwo dlo/délij.

I need to evacuate.
Mwen bizwen kité isi-a.

Slow down/drive slowly.

Kondwi dousman.

You are going too fast.
Ou ka alé twò vit.

Put on your seatbelt.
Mété sanng siwité'w.

The road is wet.
Chimen-an mouyé.

This tree is poisonous.
Pyé bwa sala ka pwézonnen.

Linking Words and Phrases

So - Konsa, konha
It was open so I entered.
I té ouvè konsa mwen antwé.

Because - pas, paski
I cried because I was angry.
Mwen hélé pas mwen té faché.

Also, too, as well - osi
I am thirsty as well.
Mwen swèf osi.

As well as - kon, osi byen
Boys as well as girls can participate.
Tibway kon tifi sa patisipé

Instead - pito
Give me that one instead.
Ban mwen sala pito.

On the contrary, however - Okontwè
They thought he was wicked. However, he was very kind.
Yo kwè i té méchan. Okontwè, i té janti.

Anyway - kanmenm
I don't have to but I'll go anyway.
M'a oblijé mé ng'ay alé kanmenm.

Yet still - wannman
I paid for it, yet still I couldn't get it.

Mwen péyé pou li, wannman m'a té sa jwenn li.

Although - magwé
Although he was far, I could still hear him.
Magwé i té lwen, mwen té sa tann li toujou.

Especially - èspwèsman
Throw them away, especially the rotten ones.
Jété yo, èspwèsman sa ki pouwi-a.

Presently - pwézantman
Presently I am busy.
Pwézantman mwen anbawasé.

From time to time - tanzantan
I visit from time to time.
Mwen ka vizité tanzantan.

At the same time - an menm di tan
Don't eat and talk at the same time.
Pa palé èk manjé an menm di tan.

As usual - kon lakoutim

You're on time as usual.
Ou a lè kon lakoutim.

Meanwhile - padantan
Meanwhile, his friend waited in the bushes.
Padantan, kanmawad li té ka èspèyè an wazyè-a.

Immediately - imidyètman
Come here immediately.
Vini isi-a imidyètman.

Quickly - vitman
Run, quickly!
Kouwi, vitman!

Suddenly - sibitman
Suddenly, the door closed behind him.
Sibitman, lapòt-la fèmé dèyè'y.

Firstly - pwèmyéman
Firstly, pour the wine.
Pwèmyéman, vidé diven-an.

Then, after - apwé

She entered, then started to swear.
I antwé, apwé i koumansé jiwé.

Previously - avan
He had previously agreed but changed his mind.
I té dakò avan mé i chanjé lidé'y.

Finally/lastly - finalman/dènyéman
Finally, I can go home.
Finalman, mwen sa alé lakay mwen.

Fortunately - èwèzman
Fortunately, the place was still open.
Èwèzman, plas-la té ouvè toujou.

Unfortunately – maléwèzman
He reached the hospital but unfortunately, he died.
I wivé lopital-la mé maléwèzman, i mò.

In fact - anfen
I didn't reach late. In fact, I was the first to arrive.

M'a wivé ta. Anfen, mwen té pwèmyé pou wivé.

Otherwise - otwèman
Take care of it, otherwise I will take it back.
Otjipé'y, otwèman mwen kay pwan'y viwé.

Even though - menm si
He kept walking even though he was tired.
I kontiné maché menm si i té las.

While - padan
While we slept, the thief entered the house.
Padan nou té ka dòmi, vòlè-a antwé an kay-la.

Since - dépi
I haven't eaten since this morning.
Mwen p'òkò manjé dépi bonmaten.

In order to - pou mwen sa
In order to travel we need the money.
Pou nou sa voyajé nou bizwen lajan-an.

Because of/due to – akòz
No one liked him because of his attitude.

Pyèsonn pa té enmen'y akòz atitid li.

For the sake of, on behalf of, because of - pou lapéti
She didn't divorce him for the sake of her children.
I pa divòsé'y pou lapéti sé ti manmay li.

In case - Si antouléka
I left the keys in case you come early.
Mwen kité laklé-a pou si antouléka ou vini bonnè.

For this reason - Pou wézon sala
For this reason they were not chosen.
Pou wézon sala yo pa chwazi yo.

Certainly - Sètennman
I certainly think he is wrong.
Mwen kwè sètennman i ni tò.

For example - pa ègzanp
We could put it in the sun, for example.
Nou sa mété'y an sòlèy-la, pa ègzanp.

Generally - jennéwalman

It's generally hot at this time.
I jennéwalman cho lè sala.

In particular - an patikilè
They asked for Dennery Segment in particular.
Yo mandé pou Dennery Segment an patikilè.

Obviously – évidanman
We can't pass here obviously.
Nou pa sa pasé isi-a évidanman.

Giving Commands and Instructions

Don't litter.
Pa sali la épi zòdi.

Don't smoke.
Pa fimen.

I would like to see the manager.

Mwen vlé wè jèwè-a.

Come with me.
Vini épi mwen.

Let us go.
Annou alé.

Stay there. Don't move.
Wèsté la. Pa sòti.

Come inside.
Antwé.

Have a seat.
Asiz.

Go away.
Alé.

Stop making noise there.
Las fè dézòd la.

Go to bed.
Ay dòmi.

Wake up.
Lévé la.

Pay attention.
Kouté/pòté atansyon.

Stand up.
Doubout.

Take your time.
Pwan tan'w.

Go left/right.
Alé gòch/dwèt.

Go straight ahead.
Alé dwèt douvan.

You can't pass here.
Ou pa sa pasé isi-a.

Stop for me, driver.
Doubout pou mwen, chofè.

Have a little patience.
Ni an ti pasyans.

Please be on time.
Souplé vini a lè.

Stay calm everybody.
Wèsté tjantjil tout moun.

Don't give up.
Pa abandonnen éfò'w.

Come on. You can do better than that.
Annou. Ou sa fè pli mèyè pasé sa.

Be careful.
Pwan gad.

Hurry up.
Fè vit.

Wait for me.
Èspéyé mwen.

Call me later.

Kwiyé mwen pli ta.

Let him know I called.
Kité'y sav mwen kwiyé.

Weather and Seasons

How is the weather?
Sa tan-an fè?

Beautiful weather today.
Bèl tan jòdi-a.

It is drizzling.
Lapli ka fifiné.

It is raining.
Lapli ka tonbé/kwévé.

It is cold tonight.
I ka fè fwèt òswè-a.

There is cold weather these days.

La ni fwédi sé jou sala.

It is so hot.
I ka fè cho an chay.

This heat will kill me.
Chalè sala kay tjwé mwen.

It is windy today.
I plen van jòdi-a.

It is cloudy.
Tan-an pa bèl.

There is no snow in St. Lucia.
La pa ni pyès lannèj Sent Lisi.

There is a storm/hurricane coming.
La ni an mové tan ka vini.

Hurricane season.
Sézon Siklonn/mové tan.

Lightning and thunder.
Zéklè èk loway.

I just felt an earthquake.
Mwen santi an twanblanntè talè-a.

The moon is shining brightly.
Lalin-an ka kléwé an chay.

There are no stars in the sky tonight.
La pa ni pyès étwal an lézè-a òswè-a.

Seasons

Spring - pwétan
Summer - lété
Autumn - otonn
Winter – live

Time

I arrived yesterday.
Mwen wivé yè.

I finished it last night.

Mwen fini'y yè òswè.

We saw her last week.
Nou wè'y simenn pasé.

It started last month.
I koumansé mwa pasé.

He was 11 years old last year.
I té wonzan lanné pasé.

It happened two days ago.
I fèt dé jou pasé.

Today is my birthday.
Jòdi-a sé annivèwsè jou nésans mwen.

I will be busy this week.
Mwen kay anbawasé simenn sala.

These days you're always late.
Sé jou sala ou toujou ta.

Presently, I am by the beach.
Pwézantman, mwen bò lanmè.

I will collect it tomorrow.
Mwen kay anmasé'y denmen.

I will start next week.
Ng'ay koumansé simenn pwochen.

Next year will be better.
Lanné pwochen kay pli mèyè.

We will travel in two hours.
Nou kay voyajé an dé nèditan.

Telling the Time

12am - mennwit
1am - yonnè
2am - dézè
3am - twazé
4am - katwè
5am - senkè
6am - sizè
7am - sètè
8am - ywitè

9am - névè
10am - dizè
11am - wonzè
12 noon - midi
1pm - yonnè
1:15 pm - Yon ka apwé yonnè
1:30pm - Yonnè é dimi
1:45pm - Yon ka pou dézè

The outside Environment

There were large crowds in town.
La té ni an chay moun an vil.

The place is very noisy.
Plas-la ni an chay dézòd.

I find it rather quiet here.
Mwen twapé i asé tjantjil isi-a.

The streets are clean.
Lawi-a nèt.

You can park your vehicle here and walk.

Ou sa pak machin ou isi-a èk maché.

Put the garbage by the road.
Mété zòdi-a bò chimen-an.

How old is this wooden building?
Ki laj kay planch sala?

Do you have any rivers and waterfalls?
Ès ou ni pyès lawivyè èk kaskad?

Is that a wild animal in the forest?
Ès sa sé an bèt sovay an lafowé-a?

Too many mosquitos in the bush.
Twòp maygwen an wazyé-a.

Cover your legs for the insects.
Kouvè janm ou pou sé ti bèt-la.

This precipice is so deep.
Kaskou sala tèlman fon.

We could take a picture on the rocks.
Nou sa pwan an pòtwé asou kayè-a.

This soil is good to plant lettuce.
Tè sala bon pou planté léti.

Don't put your foot in the mud.
Pa mété pyé'w an labou-a.

Where is this smoke coming from?
Ki koté lafimen sala ka sòti?

What kind of tree is that?
Ki kalité pyé bwa sa yé?

Was that a parrot or some other bird?
Ès sa sé té an jako ében tjèk lòt jibyé?

I am staying to see the sunset.
Ng'a wèsté pou wè sòlèy kouché.

We will leave before sunrise.
Nou kay kité avan sòlèy lévé

Festivals, Celebrations, and Ceremonies

Merry Christmas.
Bon Nwèl.

I am going home for Christmas.
Mwen ka alé lakay mwen pou Nwèl.

I love the Christmas season.
Mwen enmen sézon Nwèl-la.

Let us sing some Christmas carols.
Annou chanté chanté Nwèl.

Peace and love for all mankind.
Lapé èk lanmityé pou tout lézòm.

My gift is already under the Christmas tree.
Kado mwen ja anba sapen Nwèl-la.

Let us celebrate the birth of our savior, Jesus Christ.

Annou sélébwé fèt sovè nou, Jézi Kwi.

I am going to church on New Year's Eve.
Mwen ka alé lanmès Joudlan.

Happy New Year.
Bon Lanné.

Happy Independence Day.
Bon Fèt Endépandans.

I don't drink during the Lent season.
M'a ka bwè lè sé kawenm.

Enjoy yourself and celebrate.
Anmizé kò'w èk sélébwé.

Good Friday
Vandwédi Sen

Easter Sunday
Dimanch Pak

Happy Easter
Bon Fèt Pak

I am coming down for carnival.
Mwen ka désann pou kanaval.

I would like to join a carnival band.
Mwen avoudwé antwé an bann kanaval.

I have already paid for my costume.
Mwen ja péyé pou kòstim mwen.

I am in the mood to wine and go down low.
Mwen anvi wimen èk bésé ba.

I have never gone to Jouvert before.
M'a janmen alé jouvè avan.

I would love to see the La Maguerite Festival.
Mwen avoudwé wè Fèt La Magéwit.

I want to celebrate La Rose this year.
Mwen vlé bwiyé Lawòz lanné sala.

I want to learn more about the traditional culture.
Mwen vlé apwann pli konsèné kilti twadisyonnèl-la.

What is the name of the lead singer?
Kimonnon chantwèl-la?

Can I try the shaker and the African drum?
Ès mwen sa pwan an kou épi chakchak-la èk tanbou-a?

I feel for green figs and saltfish.
Mwen anvi fig vèt ek lanmowi.

Congratulations
Félisitasyon

I wish you all the best.
Mwen ka swété'w tout ki bon.

Accept my sympathy.
Aksèpté senpati mwen.

I am sorry for your loss.
Pèdant ou ka fè mwen lapenn.

Crude Words, Swear Words, and Insults

The English translation of most of the following may not appear that obscene, but I can assure you that they are a lot more potent when said in Kwéyòl. Please use sparingly, or not at all.

For goodness sake
Tonnè

Damn
Sakwé

Damn fool
Sakwé kouyon

Damn you
Sakwé sa ou yé

Bloody worthless
Sakwé anyenditou

Your father's head
Tèt papa'w

Get lost
Ay chyé

Get outta here
Tiwé kò'w la

Move your arse from here
Tiwé tjou'w la

Big belly, tire belly
Bouden ròba

You bitch
Manman chyen

Mother guinea pig
Manman wadenn

Mother cow

Manman vach

Penis
kòk, lolo, kal, koko

Vagina
kòkòt, koukoun, landjèt

Your mother's vagina
Koukoun manman'w/landjèt manman'w

Clitoris
ti lanng

Your mother's clitoris
Ti lanng manman'w

Your mother's behind
Bonda manman'w

Shut your arse
Pé tjou'w la

Nasty, dirty
Salòp
Sexual intercourse

koké, fè vis, fwékanté épi, pwan nonm/fanm

I will burst your arse for you.
N'gay fann tjou'w ba ou.

Days of the Week

Sunday - Dimanch
Monday - Lendi
Tuesday - Madi
Wednesday - Mèkwédi
Thursday - Jédi
Friday - Vandwédi
Saturday – Sanmdi

Months of the Year

January - Janvyé
February - Févwiyé
March - Mas
April - Avwi
May - Mé

June - Jen
July - Jwiyèt
August - Awou
September - Sèptanm
October - Òktòb
November - Novanm
December – Désanm

Cardinal Numbers

1 - yonn
2 - dé
3 - twa
4 - kat
5 - senk
6 – sis
7 - sèt
8 - ywit
9 - nèf
10 - dis
11 - onz
12 - douz
13 - twèz
14 - katòz

15 - kenz
16 - sèz
17 - disèt
18 - dizwit
19 - disnèf
20 - ven
21 - ventenyen
22 - venndé
23 - venntwa
24 - Vennkat
25 - vennsenk
26 - vennsis
27 - vennsèt
28 - ventwit
29 - ventnèf
30 - twant
31 - twantenyen
32 - twant dé
40 - kawant
41 - kawantenyen
42 - kawant dé
50 - senkant
51 - senkantenyen
52 - senkant dé
60 - swasant
61 - swasantenyen

62 - swasant dé
70 - swasant dis
71 - swasant wonz
72 - swasant douz
80 - katwiven
81 - katwiven yonn
82 - katwiven dé
90 - katwiven dis
91 - katwiven wonz
92 - katwiven douz
100 - san
101 - santenyen
102 - san dé
1,000 - mil
one million - yon milyon
one billion - yon milya

Ordinal Numbers

1st - pwèmyé
2nd - dézyenm
3rd - twazyenm
4th - katyenm
5th - senkyenm

6th - sizyenm
7th - sètyenm
8th - ywityenm
9th - névyenm
10th – dizyenm

Money and Measurements

one cent - dé sou
a penny - yon go
five cents - kat nwè
25 cents - an chlen
one dollar - yon dòla
an inch - an pous
a foot - pyé
a square foot - an pyé kawé
meter - mizi
yard – yad
mile - lyé
kilogram - kilogwanm
kilometer - kilomèt
an acre - kawé tè
a pound - an liv
an ounce - an zons
a gallon - an gallon

Kwéyòl Grammar

Subject and Object Pronouns

Subject pronouns and object pronouns are basically the same in Kwéyòl, except for the 3ʳᵈ person singular. The subject pronoun "I" becomes "li" in the object form.

She dances well - **I** ka dansé byen
Don't beat him - Pa bat **li**

Subject Pronouns	Kwéyòl	Object Pronouns	Kwéyòl
I	**Mwen**	Me	**Mwen**
You	**Ou**	You	**Ou**
He, she, it	**I**	Him, her, it	**Li**

We	**Nou**	Us	**Nou**
You (plural)	**Zòt**	You (plural)	**Zòt**
They	**Yo**	Them	**Yo**

When a verb ends with a vowel sound or nasal sound, the verb and the pronoun "ou" are contracted using **'w.**

I can't take you with me - M'a sa **mennen'w** épi mwen (mennen+ou)
We will help you - Nou kay **édé'w** (édé+ou)

The same applies with the pronoun "li". It is contracted using 'y.

He ate it - I **manjé'y** (manjé+li)
We deceived him - Nou **kwennen'y** (kwennen+li)

Possessives

The possessive form in Kwéyòl is expressed using a combination of the Kwéyòl pronouns (mwen, ou, li, nou, yo, zòt) and sa, or san. In this first example, "my father's hammer" becomes "the hammer (belonging to) my father".

My father's hammer - Mato papa mwen
This is my book - Sa sé liv mwen

When the noun ends in a vowel or nasal sound, contractions are used for ou and li.

Pla'w (pla+ou) - your plate
Pla'y (pla+li) - his/her/its plate
Manman'w (manman+ou) - your mother
Manman'y (manman+li) - his/her/its mother

Using "sa" or "san"

San is used with the 1st person singular and 3rd person plural (mwen, nou).

The land is mine	Tè-a sé **san** mwen
The land is yours	Tè-a sé **sa** ou
The land is his/hers	Tè-a sé **sa** li
The land is ours	Tè-a sé **san** nou
The land is yours (plural)	Tè-a sé **sa** yo
The land is theirs	Tè-a sé **sa** zòt
Is that your umbrella?	Ès pawasòl-la sé **sa** ou?

The possessive forms "each other's" and "one another's" are expressed as "yonn alòt".

We take care of each other's children - Nou ka otjipé ich **yonn alòt**.
We know one another's secrets - Nou konnèt sigwé **yonn alòt**.

Determiners and Quantifiers– the, a, an

The determiners "a", and "an" are expressed in Kwéyòl with "**an**".

a dog - an chyen
an egg - an zé

The definite article "the" is formed with *la, lan, a*, or *an,* depending on whether or not the verb
ends with a consonant, vowel, or nasal sound. It generally comes after the noun.

The table - tab-la
The woman - fanm-lan
The knife - kouto-a
The pan - pann-an

Demonstrative Adjectives - this, that, these, those

This and that is translated into Kwéyòl as "sala", and comes after the noun.

This book - liv sala
That man - nonm sala

The plural demonstrative adjectives "these" and "those", are formed with "sé" along with "sala".

These flies - sé mouch sala
Those children - sé ti manmay sala

Tenses

Simple Present and Present Continuous

The simple present tense is generally not used in Kwéyòl. It is usually expressed as the present continuous tense, which is formed by adding "ka" before the verb.

Singular	Plural
Mwen ka asiz (I sit/I am sitting)	Nou ka asiz (we sit/we are sitting)
Ou ka asiz (you sit/you are sitting)	Zòt ka asiz (you sit/you are sitting)
I ka asiz (she sits/she is sitting)	Yo ka asiz (they sit/they are sitting)

There are some situations, however, where "ka" is not used for the simple present.

When giving instructions or directions:
Close the door - Fèmé lapòt-la

When certain non-action verbs are used, like to be, to have, to think, to believe, and to love.

Saint Lucia is a beautiful country.
Sent Lisi sé an bèl péyi.

She has mangoes.
I ni mango.

I think it's difficult.
Mwen kwè i difisil.

We love our country.
Nou enmen péyi nou.

The Simple Past Tense

The simple past tense carries no markers before the verb.

Singular	Plural
Mwen maché (I walked)	Nou maché (we walked)
Ou maché (you walked)	Zòt maché (you walked)

| I maché (he/she/it walked) | Yo maché (they walked) |

The Past Continuous Tense

The Past Continuous Tense is marked by placing "té ka" before the verb.

Singular	Plural
Mwen té ka kouwi (I was running)	Nou té ka kouwi (we were running)
Ou té ka kouwi (you were running)	Zòt té ka kouwi (you were running)
I té ka kouwi (he/she/it was running)	Yo té ka kouwi (they were running)

The Present and Past Perfect Tenses

The present perfect is formed by adding "ja" before the verb.

Singular	Plural
Mwen ja manjé (I have eaten)	Nou ja manjé (we have eaten)
Ou ja manjé (you have eaten)	Zòt ja manjé (you have eaten)
I ja manjé (she has eaten)	Yo ja manjé (they have eaten)

The past perfect is formed by adding "té" before the verb.

Singular	Plural
Mwen té fini (I had finished)	Nou té fini (we had finished)

Ou té fini (you had finished)	Zòt té fini (you had finished)
I té fini (he/she/it had finished	Yo té fini (they had finished)

The Future Tense

The future tense is formed by adding "kay" before the verb.

Singular	Plural
Mwen kay witounen (I will return)	Nou kay witounen (we will return)
Ou kay witounen (you will return)	Zòt kay witounen (you will return)
I kay witounen (he/she/it will return	Yo kay witounen (they will return)

Conditional Forms

Conditional forms are used to speculate about hypothetical or possible situations, and contain words like if, when, could, and used to. In Kwéyòl, this is accomplished with **si** (if), **té ka** (used to), **té kay** (would have), and **té sa** (could have). Study the following examples:

He used to work in town.
I té ka twavay an vil.

If I had money, I would be happy.
Si mwen té ni lajan, mwen té kay kontan.

If I had known she was there, I wouldn't have said that.
Si mwen té sav i té la, mwen pa té kay di sa.

I could have won.
Mwen té sa ganyen.

When we worked there, we usually stayed back to help.
Lè nou té ka twavay la, òdinèman, nou té ka wèsté dèyè pou édé.

Negative Constructions

In order to form a negative phrase or sentence in Kwéyòl, "pa" is used, usually after the subject of the sentence.

I did not eat last night.
Mwen pa té manjé yè òswè.

I was not eating last night.
Mwen pa té ka manjé yè òswè.

She has not eaten.
I p'òkò manjé. (pa + ankò)

I hadn't eaten.
Mwen p'òkò té manjé.

He won't come later/he won't be coming later.

I pa kay vini pli ta.

Pa is also used to translate some words containing the prefix "un".

It is unofficial.
I pa ofisyèl.

Negative constructions can also include words like "pyès" (which can mean no, none, or any) and "janmen" (never).

There were no doctors.
La pa té ni pyès dòktè.

I didn't see any fire.
Mwen pa té wè pyès difé.

She had none in the store.
I pa té ni pyès an boutik-la.

Never give anyone your number.
Pa janmen bay pyèsonn limowo'w.

Placement of Adjectives

Most Kwéyòl adjectives are placed after the noun being described.

A **white** man - An nonm **blan**
Hot bread - Pen **cho**
A **tall** boy - An tibway **ho**

Here are a few exceptions to the rule:

A **beautiful** woman - An **bèl** fanm
A **big** cockroach - An **gwo** wavèt
My **last** dollar - **Dènyé** dòla mwen

Active and Passive Voice

The passive voice is not generally used in Kwéyòl. Passive forms are usually expressed in the active voice.

The mouse was killed by the cat. (passive voice)
Chat-la tjwé souwi-a. (active voice)

The money was stolen by her husband.
Mawi'y vòlè lajan-an.

In cases where it is not clear who or what did the action, "yo" is used.

The man was murdered.
Yo tjwé nonm-lan.

Printed in Great Britain
by Amazon